Jeune homme

© 2019, Durel, Florent
Edition : Books on Demand,
12/14 rond-Point des Champs-Elysées, 75008 Paris
Impression : BoD - Books on Demand, Norderstedt, Allemagne
ISBN : 9782322138371
Dépôt légal : août 2019

Florent Durel

Jeune homme

Sonnets et autres poèmes

BOD

*Tous droits de traduction,
d'adaptation et de reproduction
réservés pour tous pays*

florent-durel.com — Photographies : beniTo

© *Strasbourg 2019*

Ma patrie, ma famille, mes amis, se sont présentés à mon esprit ; ma tendresse s'est réveillée ; une certaine inquiétude a achevé de me troubler et m'a fait connaître que, pour mon repos, j'avais trop entrepris.

Montesquieu, *Lettres persanes*

ALCHIMIE PREMIÈRE

Autant que je me souvienne, je fus, comme d'autres enfants, ce fragment que la flamme essentielle sinistra et exila. Particulièrement, la cosmogonie me fit une nature océane, perpétuellement sensible comme un lait, pacifique, et qu'aucune étoile n'a jamais constellé. J'imaginais alors autour de moi des anges qui eussent reçu les mêmes yeux que moi. Je leur attribuais mes regards.

Ce fut maladroit : l'atmosphère ne préserva pas mes ardeurs excentriques des engelures extérieures, là où leur baiser me fait si mal, et d'invincibles azurs : ces anges m'y firent voir des monstres angéliques ! Tout m'était familier, je n'arrivais à rien exprimer qui fût invraisemblable. L'idéalité même n'existait plus : Oméga renfermait mon néant et l'avenir. Mes anges m'avaient volé le commencement, car je leur devais de toujours des yeux plus inconnus et autrement désirables.

L'Homme coulait en moi, et coule encore, sa couleur éternellement adolescente que pâlit le Soleil de cet été-là. Elle sèche comme la toile du Maître tahitien. Quelques dernières passions nitides et idolâtres m'obnubilent de temps à autre. Traversant leurs salons, je prends les pierreries des lustres pour des yeux de femmes. Je bois la coupe que leur saison brise en mille éclats fins comme des pupilles d'oiseaux. Le séjour clair de l'enfant qui fut peint reste quant à lui inviolé par elles : il déteste les idoles et défait la saison.

Quand les scientistes auront vaincu le temps, la matière leur semblera étrange.

AU PARC

Je suis passé ce soir au bord de ces allées,
Celles, t'en souviens-tu, où nous avons tant joué,
Lentes allées du parc rehaussées d'azalées :
Tous les enfants y jouent et j'en sais qui sont doués !

Certains à cache-cache en criant se découvrent,
Les autres, turbulents, ont déjà les genoux
Cerclés, mais vite, allons ! Là-bas, le glacier ouvre ...
– La nuée en un instant s'envole dans les *ouh* !

Des messieurs assoupis tombent à la renverse.
Assises, des mamans cousent à l'infini
– Et causent tout autant ... La basse ramée berce
Des landaus rebondis bruissant comme des nids.

Nous, à quoi jouions-nous, nous que le temps accable ?
Où sont les joies d'avant et les chagrins d'un jour ?
Entre deux jeux puérils, tu traînais mon cartable.
Quand passait la maîtresse, on lui disait bonjour.

Quelques instants encore, imprudents, autour d'elle,
Des enfants s'amusaient avant de déguerpir.
– Ô chant tardif et doux de quelque tourterelle !
C'est bientôt l'heure où l'on songe qu'il faut partir.

Plus frais, un souffle fend l'air et défait les rondes.
Quelque part un petit a oublié son seau.
Il est temps de rentrer, un papi déjà gronde :
« Clémence, viens ! Pressons ! Et reprends ton cerceau ! »

LES CHEMINS CREUX

à Roger G.

On arrive, il est tard, la maison dort, paisible.
Il aura fait bien froid, le cœur et les soucis
Au fond des poches sont des compagnons rassis ...
Tiens, on en pleurerait si ce n'était risible.

Les agglomérations noires et drolatiques
Qu'on a laissées derrière, après dix-mille pas,
Sont loin comme sont loin Trappes et Maurepas.
– Des bois, vers Rambouillet, s'élève une musique.

Dans la besace danse un bien maigre violon
Qui sait faire oublier le chemin qui est long.
– Ce soir, le vin, enfin ! et la bonne fredaine

Sauront ragaillardir le voyageur glacé.
La maisonnée s'ébroue dans le jour violacé
Et quelques amis font votre fin de semaine !

LES PARFAITS

Gamins, quand nous aidions nos parents à la tâche,
Nous préparions parfois avec eux les bocaux.
Ensemble, on épluchait le tas de haricots
Et le vieux cousin Louis blaguait comme un potache ...

– J'apprenais malgré tout que d'or est la patience.
Ma mère surveillait mon travail laborieux
Et, douce, m'enseignait : « N'en perds pas ! Sois sérieux !
La récolte est un gain, le jardin une science. »

Mais les verres déjà, typiques de ce temps,
Garnis et entassés dans la marmite obscure,
Cliquetaient sur le feu et dans l'eau qui murmure.

– Mes frères, Louis et moi attendions, bien contents,
Puis mon père, un à un, retirait les *Parfaits*
Et, crâneur, appréciait : « Encore ça de fait ! »

LUCEAT EIS

Espoirs, passions, scintillements,
De qui reflétez-vous la lumière ?
Renoncements, décadences, noirceurs,
De qui êtes-vous les ombres ?

Janvier est là : morne, gris pâle.
Dans l'étang tout à l'heure ont tremblé
Les perches limoneuses et les
Barbillons luisants.

Âtre, feu de bois, flammèches blondes :
Ces langueurs épousent ton corps
D'amoureuse – on ferait bien l'amour
Ou peut-être simplement un songe.

C'est l'heure du thé, le thé roux
Infuse, la théière au ventre rebondi
Illumine le regard de mon Allemande
– Son cœur palpite comme le *Teelicht*.

Dehors le monde hurleur n'abolit pas
Les saisons. Avril cristallise
Les prés neigeux. Dans les faubourgs,
Des fleurs d'amour de givre percent.

Qu'il vienne, qu'il vienne, dit-on,
Le mois des serments et des chants :
Révolutions dans les yeux des soldats,
Qui mêleront le sang à la paille des champs.

Et juin s'ouvre déjà. De toute éternité
Il a été solaire et tous les ciels
Ont conquis le pouvoir des safrans,
Des pigments opiacés et du cuivre.

Qu'est-ce qu'on voit à la fenêtre ?
En été, le lait, la farine, les œufs
Sont pétris par les doigts de ma fée. – Naître
À ce moment-là serait heureux !

Celle-ci sur la lèvre a cent reflets d'août :
L'espoir d'être embrassée ? De sa bouche
Naît la vague menteuse d'où
Chacun pense à sa couche.

Moi qui connais si bien septembre !
Le cours du temps universellement
Fait des fleurs jaunes dans ma chambre,
Le houblon doré des chopes amies

En Allemagne rutile, – on sert à boire :
Cette blondeur des bocks luisant tard
Étincelle, ô trembleur automne ... – Qui croire ?
– Et au moment de partir, qui part ?

Les places déjà et les villages roulent

À la Sainte Nativité leurs ornements. La foule
Des enfants épie des santons peinturlurés
Le regard accrocheur reflété par les boules.

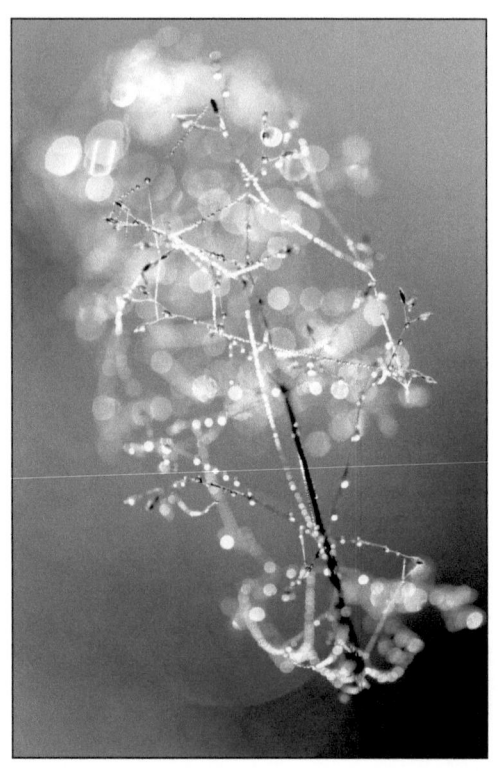

LEVER

L'azur perle aux filets
Et la toile, trop lourde,
Nuance les reflets
Du soleil crus et courbes ;

L'effrayant soupirail
Laisse sa solitude
À l'âme prise aux rails
D'infinies longitudes.

– Un songe malgré lui
S'y poserait quand luit
L'aube sublime et vide,

Si tout à coup, sur l'œil,
Ne se dressait le deuil
D'une araignée splendide.

VARIATIONS / BLEU

Le regard sous des verres bleus
La grande fille blonde bleue
L'homme sa canne son chien bleus
Sa musique de chambre bleue
L'âme l'azur l'araignée bleus
La fillette son ballon bleus
Trop sévère mon papa bleu
La mer qui console très bleue

Quatre places de parquet bleues
Et le vingt-huit octobre bleu
Klaudia son prénom blanc et bleu
Et ses conjugaisons si bleues
Bien d'autres mots s'enchaînant bleus
Les fruits la coupe de fruits bleus
Les rochers où l'on s'assoit bleus
Les fins d'après-midis si bleues

L'aventure assise là bleue
Aller voler des pommes bleues
Le mort que je suis déjà bleu
Anciennes joies d'amour si bleues
Les femmes dont on parle bleues
Leurs reins cuivrés de sable bleu

Et leurs seins parfaitement bleus
Là tout n'est qu'ordre et beauté bleue

Puis voici des quolibets bleus
Un cher crapaud et un con bleus
Les mouches et la merde bleues
Mon petit chien qui est mort bleu
Les larmes des tout petits bleus
Les grands-parents patients et bleus
La Manche et la liberté bleues
Et l'existence à venir bleue

JEUNE HOMME

L'âme, l'azur et l'araignée
Habitent des balcons fleuris
Et des charrois d'or aux lambris
Verts sous les paupières ignées.

— Jeune homme, il sort en semant l'onde
De minuit à midi ; — au bois,
Il joue d'un éclatant hautbois
Parmi les vapeurs bleues et blondes.

Un chant, au réveil, le surprend
Dans un sérail plein d'odeurs douces
Où, bien au chaud, il sent des mousses

Recouvrir ses amours et prend
L'âme, l'azur et l'araignée
Pour trois laides et vieilles fées.

CONTE

à Patrick G.

L'apaisement se lève
Sur son front blanc couvert
D'instants de ciel bleu-vert
Du matin. – Patrick rêve.

Près de lui, je repose.
– Ai-je attendu aux bois
Que mon cœur aux abois
Lui demande qui ose

Baiser ainsi ses mains
Ensommeillées ? – Les nains,
Chagrins à perdre haleine,

Ont renoncé, jaloux
Qu'ils sont du rendez-vous :
Patrick attend Guilaine.

LA CRÉATURE

Du décor bleu café où luit une autre étoile
Que le soleil, tout l'œil d'un vieux fauve a rugi
Et, clairsemant la plèbe, ensanglanté la toile.
Son cri n'est pas serein, mais vert, et réagit

Aux signes habituels : sali du jour vulgaire,
Il vient s'anéantir sous mes doigts un peu gras
Et n'est plus qu'une erreur ou l'œuvre d'un faussaire.
— D'âme et de corps, le jour l'a rendu presque ingrat.

DE GUERRE LASSE

Comme elle l'entourait, lui qui était si pâle,
Lui qui était son frère – à ce que l'on pensait ; –
Son frère, un appelé, à peine encore mâle
Revenu d'une nuit éprouvante – et blessé.

Le jeune homme mourait d'une blessure ardente.
Son délire jetait à nos barbes des mots
Crus, des apparitions aux armes contondantes
Et qu'on voyait surgir, dans les gaz, sac au dos !

Soucieuse près de lui, elle pansait ses plaies :
Soins d'une sœur patiente, appliquée, cependant
Qu'on sentait de partout le sang, les chairs brûlées
Et que des morts riaient, pour rien, à pleines dents.

Mais elle, aux sombres cils, les yeux vers la campagne
Où dormirait au soir un régiment défait,
Comprimait le sang et réajustait le pagne
Du soldat enfiévré qui clamait : « Est-ce fait ? »

J'aimais déjà la femme assise auprès du frère :
Ange occupé depuis toujours à ces travaux
Où les hommes, retour d'une quelconque guerre,
Râlent mais sont soignés, semblables ou rivaux.

D'une main qui bénit peut-être et réconforte,
Son geste qu'on voyait simple et doux, voluptueux,
Était aussi de ceux d'une fiancée forte,
— Exigeante amoureuse au maintien vertueux.

Et comme elle penchait la tête, nonchalante,
Une dernière fois vers le jeune blessé
Mortellement, ce fut le baiser d'une amante,
Lèvre à lèvre, donné dans l'air trouble et glacé.

ELLE BORDE L'ENFANT …

Elle borde l'enfant au berceau qui s'alarme
Et tend son poing crispé comme les pauvres gens,
Elle est soumise à Dieu qui lui laisse ses larmes :
La justice du Ciel écrase les manants.

Puis son front se noircit de l'ombre d'un supplice,
Elle tourne l'œil vers un saint qu'on ne voit pas.
Tout son être s'irrite et demande justice.
– Figé au mur jaunit le cadre d'un soldat.

LES OISEAUX

à Laura G.

Elle venait s'asseoir le matin dans ma classe
Et suivait la leçon avec les plus petits ;
Front clair, elle observait, studieuse, encore lasse,
Comme je nourrissais les jeunes appétits.

C'était le temps béni des leçons de Nature :
Le printemps dévorait les vitres des couloirs ;
Ma classe respirait, à l'aube, la verdure
Quand j'écrivais le jour sur le grand tableau noir.

Après s'être installés, saluant la demoiselle,
Le lundi, les enfants, alertes, demandaient
Comment font les oiseaux et comment deux coups d'ailes
Peuvent les maintenir dans les airs sans tomber.

Je faisais un schéma que comprenait leur âge ;
Les garçons ricanaient, les filles recopiaient.
Le destin de chacun s'esquissait dans les pages
Des grands cahiers couverts de pleins et de déliés.

Et Laura, — c'est ainsi, et j'ai bonne mémoire,

Qu'elle se prénommait, – retaillait les crayons,
Guidait les petits doigts, – et de grandes histoires
S'offraient bientôt à ma scrupuleuse attention.

Des oiseaux s'envolaient par-dessus les épaules.
Une aile fauve ici, un geai au bec ouvert,
– Et Laura s'esquivait, telle une amie qu'on frôle,
Quand je passais noter les progrès faits en vert.

Libre, vive et précise, elle aidait tout son monde :
Petits, moyens et grands, tous la sollicitaient !
Moi, je suivais de loin l'animation féconde
De ma jeune stagiaire accorte à leur côté …

– Chère, j'ai pourtant fui bien des fois, et que n'ai-je
Plus souvent repoussé les chaises, les bureaux ?
Que n'ai-je, brûlant, dans le silence des neiges,
L'hiver, espéré ta présence à mes barreaux ?

Ou désiré qu'un trait au centre d'une page,
Colombe fragile ou puissant aigle lointain,
Abolisse d'un coup les écueils de mon âge
Et, me rajeunissant, rende mes choix certains ?

Or, triste, je pensais : « Que cherches-tu, jeunesse,
Dans ces coursives et le long des corridors ?
Ne vois-tu sur mon front rembruni la détresse
D'avoir passé ma vie dans cette cage d'or ? »

LES SONGES D'AGNÈS

Agnès relèverait sur les champs de bataille
Les pauvres morts d'amour, les cœurs persécutés ;
Elle verse sur eux ses terribles bontés :
Sa main lance parfois un baiser en pagaille,

Ou bien, ayant noyé d'un noir rayon les braves
Et derniers preux dolents, effrayé les bestiaux,
Rendu doux les méchants et les sages idiots,
Elle impose silence à ces bavards et, grave,

Inscrit sur le haut flanc des forts et les murets
Son prénom que l'on craint dès qu'on l'a murmuré.
– Tout prie, tout craque et ploie dans d'incroyables crampes

Et se sent prisonnier d'un fleuve de galets
Où Agnès pose un doigt : c'est le règne violet
– Ô fut-il inconstant ! – d'une veine à sa tempe.

LA BÉNÉDICTION D'AGNÈS

Je suis le chien qui veille aux pieds d'une dormeuse,
L'animal fasciné par les grains de beauté
Sur l'épaule d'Agnès : parfois s'émeut l'heureuse
Constellation qu'ils font et un regard jeté

Sur son dos blesse un ciel. – À présent que s'abatte
Sur mon front son baiser, ce geste d'élection,
– Quand le désir surprend dans leur crainte les chattes, –
Un petit rien d'Agnès, une bénédiction.

Son bras, ce col de cygne, un lis penché dans l'ombre
Et l'animal épars léchant son cheveu sombre
Luttent certainement et, retors comme un S,

Sous l'œil défait du fauve, un génie brusque imprime
Sur sa lèvre un baiser rouge et beau comme un crime.
– L'homme n'est jamais loin de l'ange près d'Agnès.

PARIS

à Sarah

Et marchant près de toi ma reine
Ce soir de crue lente à Paris
Quand s'étire vers nous la Seine
Le long des vieux parapets gris

Bientôt le fleuve versera
Sa chanson dans mon cœur qui veille

Dans la nuit quand le ciel bas tombe
Des toits où tu dors à Paris
Si blanche et prise ô ma colombe
Dans les replis de ton sari

Pour toi ma douce dans les bras
J'ai mille monceaux et merveilles

Que mes deux mains tes poignets prennent
Lentement guidées vers tes bras
Et que chaque soir nous surprenne
Toi et moi au creux d'un seul drap

Sûr c'est lui qui t'accordera
Le blanc-seing des pures merveilles

Sarah que tout ce monde ploie
C'est bien au ciel toi que je tiens
Avance là que je te voie
L'amour d'ici ne nous vaut rien

Et quand tu dormiras Sarah
Je te baiserai à l'oreille

Ô LONGUE LONGUE ÉTANT MA PLAINTE

Ô longue longue étant ma plainte
Peux-tu au moins l'entendre Anna
En Moselle cette complainte
Résonne de ce que tu n'as

Pas dit mais accordé qu'importe
Comme le cygne de l'an brun
J'avance Anna et je t'apporte
Ma prière et quelques embruns

Ô longue et douce étant ma plainte
Et le roi d'ici que sait-il
De ma passion et de ma feinte
À n'être ici que par exil

Je vais lentement mon silence
Dure longtemps comme ton chant
Je vais déjà ta nonchalance
En moi creuse un mal plus touchant

Que restera-t-il de ta flamme
Pour moi ô chère que j'attends
Alors que tes refrains enflamment
Les bateliers qui vont content

Mais triste étant toute romance
Je ne veux plus songer en vain
Qu'ailleurs guère loin de la France
Je bus avec toi un bon vin

Un autre est en convalescence
Qui n'est pas plus fier ni méchant
Le roi que l'on dit en souffrance
Battra la campagne et les champs

Et en Moselle sa complainte
S'entendra au loin quelquefois
Et s'entendra comme ma plainte
Méconnue du cygne et du roi

LES HALLES

J'ai bradé mon beau cœur ce matin près des halles
Où le poisson pensif bâillait en me suivant
Sur les étals couverts ; – près de la mercuriale,
Je l'ai senti mugir sous l'âcre odeur du vent.

Le réveil s'annonça, clair et dru : la volaille
Battit l'air méchamment ; – j'en ai pourchassé l'œil
Craintif de femmelette et, y semant pagaille,
Sa clameur ahurie m'a rappelé un deuil.

Puis croisant fraîchement parmi les commérages
Tachés de sang, gouailleurs, parmi les marchandages,
J'ai levé mon cœur d'or qu'on prétendait vendu !

Le baiser gras et chaud du populo bizarre
M'a noyé comme un chien et bientôt m'a rendu
À la symphonie douce et funèbre des foires.

MENDIANT

Les rues, les boulevards modernes de la France
Hautainement balaient de leur ligne de chance
Une main qui se tend vers chacun des passants,
Agrippeuse et obscure, écorchée jusqu'au sang.
C'est l'éternel mendiant, va-nu-pieds de fortune
Qui erre jusqu'au soir en quête d'une *thune*
Et ne remerciera pas souvent l'étranger
Dont l'indifférence est son biscuit à manger.

Il voit passer sans joie à ses pieds son époque :
Le *cri* contemporain dont pourtant il se moque,
Les clientes pressées chargées par les taxis
Disparaissant d'un coup avec tous leurs soucis,
Ou bien des collégiens, braillards et intrépides,
Lui décochant parfois des insultes stupides.
Il n'en veut pas au Diable et n'invoque pas Dieu,
Guettant dans les regards chaque fois un adieu !

Dehors le mendiant sait que nul n'entend ses rimes
Qu'entre quelques hoquets ses visions enveniment ;
Le long siècle encombré de béton et de deuils
L'enferme obstinément comme dans un cercueil.
Il demeure couché sur son lit de souffrance
Et maudit les passions libérales de France.

Son grabat sous lui sent l'enfer des opprimés.
– Vous passez, il vous dit : « Monseigneur ! Moi, jamais ! »

UN LIT DE CHINE

— Te souviens-tu, ma chère, des soirées
Que nous passions ensemble dans ton lit ?
Dès le couchant, nous glissant dans les plis
De cette couche à jamais amarrée,

Nous devisions des soirs entiers dans l'ombre,
Et ce coin de ta chambre où ses vieux pieds
Avaient jadis déposé leur métier
A protégé deux ans des joies sans nombre.

C'était un lit rapporté d'un voyage
En Chine qu'autrefois ton père fit.
Est-ce qu'un marchand fourbe, par profit,
Le lui avait vendu ? Était-ce un gage ?

Comment savoir pourquoi ses boiseries
Avaient inspiré cet Occidental
Et si son épais cadre de santal
Avait bercé ses longues rêveries ?

— Nous, nous dormions dans ce lit asiatique.
Sur ses bords noirs que l'on avait sculptés,
Des mers assoiffaient son bois satiné,
Des légendes parlaient : terres rustiques,

Marais, filets séchant, masures, conques ;
Des paysans ou de vieux pêcheurs laids
Riaient d'un bon sourire craquelé,
Et des femmes, plus loin, dans une jonque

Attendaient. — Alentour, dense, furieuse,
La végétation au bord de l'îlot
Où nous nous tenions jaillissait de l'eau,
Inconnue, chatoyante, mystérieuse.

— Des esprits voyageurs — que rien n'apaise —
Bruissaient parmi les roseaux indolents,
Palpitaient, navrés, dans des jeux d'eau en
S'ébrouant, — et il fallait qu'on se taise :

Là, de partout, s'écoulaient des rivières
Que recrachaient drôlement des dragons
Tapis, féroces, dans d'obscurs lagons ;
Un fléau muet planait sur les rizières.

— Nous ne parlions pas, — dans ces étendues,
Il y avait une autre chose aussi
Que nous ne trouvions pas, le soir, assis
Au bord du lit, — quelque perle perdue.

LE BAISER

Embêtés, enfiévrés, l'embarras à la bouche,
Très très fort enlassés et leurs longs doigts fondus,
Perdus sous l'œil brouillé des habitués qui louchent,
Ils ont l'immense azur aux yeux – et ne voient plus !

Leurs voix n'ont plus de voix, voici qu'elles s'éteignent,
La tête sur l'épaule et la main dans le dos,
Ils souffrent de désir, ces enfants, et ils geignent,
Poussant de petits cris de petits animaux.

Puis le café se boit, et puis le thé se verse,
Et maints désirs d'amour occupent ces amants
Dont les doigts se dénouent, doucement, doucement.

– Il songe à cœur ouvert, elle refait sa tresse ;
Encore l'un à l'autre et déjà opposés :
Ils viennent d'échanger leur tout premier baiser.

LE SOMMEIL DE SYLVIE

Sylvie s'est endormie en un poème tendre ;
Elle y tient en haleine un cygne qu'un jet d'eau
Caresse doucement, comme un doigt, sur le dos,
– Et quelques amoureux croyant pouvoir l'attendre.

Toujours ceux-ci verront sur eux perler l'infime
Orage d'un aveu qu'ils béniront longtemps ;
Partant, ils lui voueront leur cœur plus que leur temps :
Enfer aux amadoués que son œil rend infirmes !

Car leur chasse stellaire ira après Sylvie
(Demeurée assoupie sur les bords du bassin)
Épier par les trouées la blancheur de son sein

Et voir le grand oiseau – que l'illusion ravie
Près d'elle aura couché – se noyer moins envieux
Dans l'azur nuancé d'absolu de ses yeux.

LES YEUX DE FRANÇOISE

Les yeux de Françoise,
Les beaux yeux vert clair,
N'ont jamais d'éclairs
Qu'après la cervoise,

Sinon ils méditent,
Ces grands beaux yeux verts,
Sur le monde ouverts.
– Est-elle interdite

La cité du bien ?
– En effet, d'où vient
Cette pluie d'opale

Dont la majesté
Trahit la beauté
D'un infini pâle ?

UNE FEMME

Comme un baiser marial, un soir,
au bout de ma première et dernière cigarette.
L'âme ? Un couloir hanté d'elle-même.
Aussi restais-je assez longtemps
appuyé
sous une arche dans ce village que je ne connus pas.
Je prenais le temps de souffler,
adossé
contre le ciel lointain qui chavirait des morves fraîches.

— Tout craquait, me semblait-il, d'un dernier effort; un âne qui braillait mieux que tout cela finit sa mélopée dans un vol d'oiseaux débiles et leurs criailleries sordides. Je figeais dans cette fièvre et songeais à cette joie funèbre des soldats qui rentrent un soir, chez eux, après la guerre.

— Dire que je vivais si longtemps sous la dernière fenêtre ouverte !

Au reste, en l'éclairant,
une femme
eût bien chanté tout ce monde accroupi et blessé,
y versant un sang frais comme un vin jeune,
— ou l'animant d'un insondable geste derrière la vitre.

LA CHÂTELAINE

Dans mon cœur où jamais l'amour n'est immobile,
Il y a dans des bois, au sommet d'un coteau,
Abrité et plus fort que les brises débiles,
Pierre à pierre édifié par moi seul, un château.

Je ne sais pas pourquoi et comment j'y demeure.
Rien n'intéresse plus son austère donjon
Et plus aucun festin n'anime ses demeures
Que traverse parfois un vol sec de pigeons.

Puis il y a aussi, quand mon âme y promène
Son inquiétude lasse et ses nombreux soucis,
Un page qui me dit : « Regarde, la voici ! »

Là-haut, en sa croisée, une silhouette amène,
Immobile et siégeant, dit-il, depuis toujours,
Une dame m'attend longuement tous les jours.

DOUZE DÉBRIS DU MIROIR D'AGNÈS

Un chasseur perdu dans les grands bois faisait route.
Une fleur lui dit : « Est-ce que de moi tu doutes ?
– Non, belle amie ! Et s'il faut que je te connaisse,
Je te dirai comme à celle que j'aime : *Agnès*. »

Les saules qui là-bas épanchent leur tristesse
Abritent dans leur ombre une éternelle hôtesse.
– Beau sire, écoute-la t'appeler sans rancœur
Et les aulnes pleurer, comme leur roi, par cœur.

Elle ne mire pas ses cheveux dans l'eau sombre
Et passe des moments assise, puis, quand l'ombre
La surprend et la fait frissonner, vers le soir,
Elle dit alentour, à voix basse : « Bonsoir. »

– Écoute-la, c'est elle, à faire pâlir pâle,
Et qui a vu de près ses yeux d'or et d'opale,
Respiré ses cheveux, toute sa vie aura
Pour compagne sa très fidèle et douce aura.

Une fleur perdue dans les bois avait des doutes.
Un cavalier lui dit : « Est-ce encor loin ma route ?
– Non, mon ami, or, s'il faut que tu me connaisses,
Je te dirai comme celle qui t'aime : *Laisse !* »

Elle mire parfois son visage dans l'onde
Ou dans quelque petit miroir où elle sonde
Dieu sait quel avenir qui ne la rend jamais
Heureuse tout à fait ou malheureuse, mais

Ce qu'elle veut, c'est qu'il soit comme ses fleurs blanches,
Impeccables bouquets, serrés contre sa hanche,
Et que son destin vienne et la surprenne près
D'un saule centenaire et qu'elle dorme auprès.

– Qui passe par les monts, penché sur sa monture ?
Va-t-on chercher là-bas pénitence ou torture
Ou comme les défunts un remède à l'ennui ?
On marche en tout cas comme au jour en pleine nuit.

Une amante, ses fleurs à la main, faisait route.
Un chasseur passant dit : « Combien d'amour me coûtes !
– Hélas ! Sire, je sais que vous mandez sans cesse !
Mais mon prénom n'est pas, si m'en croyez, Agnès. »

Il avance, c'est lui, et son destrier sale
Tire avidement vers les flaques abyssales.
Comme ce temps est loin où ils s'étaient connus
Et dans l'eau froide avaient baigné leurs bras blancs nus.

En chemin qu'une fleur lui avait prédit sombre,
Un cavalier pensif errait parmi les ombres.
Or, cherchant par ici une fleur qu'il avait
Autrefois aperçue, il disait un *ave*.

– Saules savants, pétris d'ennui et de sagesse,

Consolez votre prince et que vos rameaux laissent
Jamais ceux que leur cœur défend obscurément
De s'aimer s'approcher et s'unir comme amants.

L'ANNEAU

Qu'ai-je donc caressé qui fut si peu et tant ?
      – Ce fut ta main sans doute ...
Dans le noir, je cherchais de mes doigts hésitants,
      Comme on cherche sa route,

À rencontrer les tiens ; – j'y parvenais avant
      Que tu ne les retires :
Cela vaut un îlot qui bouge sous le vent
      Et sent qu'on le chavire ...

Et c'était lisse et doux – beaucoup, passionnément !
      Avec une blessure
Discrète, cependant, à ton doigt, un moment :

      Peut-être la morsure
Qu'un tout petit serpent, lové comme un anneau,
      A faite sur ta peau.

COMME UN POU ...

Monstrueux, passionné, pressé comme un volcan,
    Plus petit qu'une mouche,
Je bataillerai dur, j'établirai mon camp
    Dans tes cheveux farouches.

— Je serai comme un pou qui recherche l'hiver
    Dans ta toison immense
Un pays parfumé, touffu, sauvage et vert,
    — Et s'y taille sa chance.

Et j'aurai chaud, bien chaud, et mon fourmillement
    Assidu et fugace
Dépassera bientôt le simple amusement.

    Tu diras : « Tu m'agaces ! »
Ou tu me chanteras quelque vieille chanson
    Comme à un polisson.

À LA LUNE

– Lune, voici mon rêve,
Ma romance à ton rond
    Pâle qui crève
En tache sur mon front.

Dans le ciel que tu ornes
De ton cercle blafard
    Ou de ta corne
Rebondis comme un far,

Te voici grand nocturne
Objet des ambitions,
    Plein comme une urne
De toutes les passions.

Les hommes te regardent
Comme un astre incertain,
    Or toi qui gardes
La clé de leurs destins,

Tu sais bien qu'ils admirent
Ton charme singulier
    Qui les attire,
Les pieds et les poings liés !

Ceux-là qui cherchent une
Amitié à sauver
    T'implorent, Lune,
Assis à ton chevet ;

Et les autres, prophètes,
Amants, aventuriers,
    Et les poètes,
Tes plus vaillants guerriers,

Découvrent dans ta bulle
Le prodige des cieux
    Qui seul annule
Le Soleil prétentieux.

Eh oui ! Vieil esprit sombre !
Cher visage épanoui !
    Tous sont du nombre
Que tu as ébloui.

Quand tous leurs yeux s'apaisent,
Pointant ton cher grand œil
    Qui se fait braise
Dans la nuit en grand deuil,

Ton lorgnon doré scrute
L'âme de ces curieux
    Que ne rebute
Pas ton éclat furieux.

Pour tous, tu es le frère,

Ou pour certains la sœur,
    À qui, pour plaire
À ta frêle épaisseur,

Ils vouent leur vie future,
Promettant en partant
    Qu'une aventure
Dans ton flanc les attend.

– Et moi-même qui passe
Aussi seul qu'un damné
    Et plein d'audace
Te chante sous le nez,

Si donc jamais m'amène
Un soir dans ton beffroi
    La mort si blême
Qui les comble d'effroi,

Je crierai à la Terre,
Aux humains, et bien fort
    Que nul par terre
N'est mieux qu'en tes renforts,

Et qu'aussi s'ils possèdent
Un peu d'humilité,
    Ils te concèdent
Ta fière éternité.

ODILE

En mai
Il faut s'aimer
En juin
Faire les foins
En juillet
Sur l'oreiller
S'étendre ...

En outre
En août
Il faut bâiller
Et en septembre
Quitter la chambre
Et travailler.

En octobre
Jeter l'opprobre
Sur novembre
Et sur décembre !
Et nez à nez
Réveillonner.

En janvier
Se faire du pied

En février
Se remarier

En mars
Faire des farces
Et s'exclamer :
Poisson d'avril !

(Rien à voir avec Odile)
Par parenthèse
Et en synthèse :
Ne jamais plus recommencer.

LE CONTE FICHU

I

AUTREFOIS

Je songeais au rêve
Qu'une nuit je fis
Et n'avais ni trêve
Ni joie ni profit !

C'est un vieil air noble
Qu'elle me chantait :
— *Ton cœur d'astrologue*
Pourrait se tromper !

Las ! Douce chimère,
Une belle au bois
Disait à sa mère :
Je l'aime, — je crois.

II

AIR NOBLE RENDU GRIVOIS PAR L'AMOUR

— Ô nuit purpurine !
Chimère des rois !
Versez votre urine
Sur la fleur des pois.

Je pourrais, si j'aime,
Car c'est musical,
Faire rimer même
Lune avec fécal,

Et pensant à l'autre
Amour que j'avais
Mépriser du nôtre
Les yeux dépravés.

Or, votre habitude
De rire toujours
De ma certitude
A terni mes jours !

— Nuit de moleskine,
Quand j'aurai dit trois,
Je pleure et j'urine
Sur la fleur des pois.

III

TRISTESSE

Ah ! Baisers reçus
Vite et sans serment !
Que je suis déçu
D'être votre amant !

— Princesse qui fûtes,
Que n'êtes-vous là,
Puisqu'alors vous eûtes
Pour moi ces mots-là ?

Je hais cette neige
Tombée lourdement
Sur les vieux manèges
De bois et les bancs

Et dormant, je rêve
Assez tristement
Et n'ai nulle trêve
Étant votre amant.

LES CADAVRES D'AUTOMNE

Ces ombres que l'on a posées
    Sur nos corps, comme un drap,
Et nos chairs nues dans la rosée
    Et dans l'herbe nos bras !

Or les rumeurs de l'été tremblent
    Encore dans les champs,
Et les petits oiseaux me semblent
    Chanter un nouveau chant …

Mais nous, comment mourir, sans haine,
    Comme font les oiseaux
Qui s'enfoncent dans les haleines
    Pourries des vieux roseaux ?

C'est bien la mort qui dans les bois sème
    L'or fin où nous passons
Et fait frissonner ceux qui s'aiment
    Si tôt à la saison !

Sais-tu, belle âme qui chancelles
    S'abandonnant à l'air
Plein des insectes d'août aux ailes
    Blondes, pleines de nerfs,

Ce qu'il advient ? – C'est l'heure jaune,
 D'où silencieusement
Voudrait s'abattre dans les chaumes
 Mûris obstinément

Un drôle de gros soleil rouge.
 – Dors, si tu le veux, dors ...
Ici, déjà, plus rien ne bouge
 Et le sommeil est d'or.

Songe sans crainte, c'est l'automne !
 Sous les huées des corbeaux,
Dans le bruit sourd et lent des pommes
 Qui tombent. – Que c'est beau !

... Dors, chère amie ! Quitte ta peine
 Et laisse tes soucis !
Là-bas, regarde encore à peine
 Les lointains obscurcis –

Les ténèbres de l'hiver s'ouvrent :
 Voici les assassins !
– Viens, et de ton bras plus blanc couvre
 Ma tête sur ton sein.

MANÈGES

Tournez ! Tournez ! Tournez ! Manèges !
Que vos chevaux de bois bleu volent
Et vos amours de stuc d'or beige
Soient applaudis par les écoles !

Des enfants passent dans les rues,
Ils piaillent comme des serins –
Comme ceux-là, la tête nue,
Que nous appelions les forains.

Étrangement, elle, si blonde,
Avait aux pieds de sales chausses,
– Ce fut l'été, les nuits profondes,
L'excellence qui nous rehausse :

Comme toi qui tombant, ô neige !
Gardes encor dans tes reliefs
Les traces enfuies des manèges.
– Elle a fui, loin de tout ce fief.

– Certes, j'aurais aimé connaître
Où son long corps d'adolescente
Va chercher son plaisir et être
Presque comme elle, si absente,

Absent, moi aussi, sans bagages,
Sachant des lieux inaperçus ;
On n'aurait guère cru mon âge
Et nul ne m'aurait jamais su.

J'aurais peut-être plu à celle
Qui disparut si mal chaussée
Et pas tant, parce qu'avec elle,
Mal mené cette vie pressée !

— M'aimes-tu, enfant, quelle neige
Ou quel soleil ont vu tes noces ?
Et quels odieux jours depuis n'ai-je
Passés dans cette absence atroce ?

Tournez ! Tournez ! Tournez ! Manèges !
Mon sexe a gonflé dans le tien ?
Le savent-ils, ces chevaux beiges,
Et quelle saison me maintient ?

Aussi, neige, quoique tu verses
Ta nappe blanche sur les toits,
C'est un cœur vivant que tu berces,
Pas des chevaux laqués de bois.

Des enfants courent dans les rues
Je les entends, je n'ose y croire :
J'aurais pu être, tête nue,
Après ces noirs gosses des foires.

LES PATIENTS

Réduits, contristés, l'œil refermé, grimaçants,
Et, atroces, geignant longtemps comme des ânes
Si bien qu'on leur ferait donner des coups de canne,
Les patients attendent que l'arracheur de dents

Les conduise au siège, où, pris d'étranges sueurs,
Ils se savent maudits, acculés, et leur râle
Accompagne l'effort du bon praticien pâle.
Ils ont le souffle court et passent leur douleur

Dans des hoquets fiévreux. – Ils sortent, rouge au front,
Les deux poings resserrés, étouffant des jurons
Et se sentent secoués dans d'ineffables transes ...

La figure battue comme bat à l'écueil
La chair des marins morts, ils écument ; – au seuil,
Le crachoir attentif réclame sa pitance.

À QUELQUES VIEUX DOCTEURS

— Voici quelques méchantes graines
Poussées parmi les oliviers,
Parmi les palmes, les lauriers
Et que rien désormais n'entraîne,
Voici ces esprits des hauteurs :
Ce sont ces Messieurs les Docteurs.

Drapés d'une folle arrogance
Dans leurs toges aux bords jaunis,
Ce sont des aigles dans leur nid,
Autour d'eux se fait le silence ;
Leur œil rouge rend hasardeux
De désirer s'approcher d'eux.

Ils ont des poses très comiques
Pourtant, ces grands-pères lettrés,
Leurs faces vous offrent les traits
De vieux mandarins asiatiques.
On voudrait fuir, mais où vraiment
Fuir le fouet de leur châtiment ?

Surtout, leur devant toute chose,
Vous écoutez ces tristes nains
Grandiloquents aux pâles mains

Scandant des vérités moroses.
– L'estrade craque sous le poids
De leur science et de leurs faux pas !

Ou bien, chercheurs secrets, l'occulte,
Quand ils ont autour d'eux formé
Un cercle d'initiés bornés
Et pensent les autres incultes,
Engourdit leur esprit malin
Au fond d'un songe sibyllin.

Ah ! Quitter ces mauvaises mines
Universitaires qui font
D'un cœur tendre un vieux carafon
Et même, sacrée pantomime !
Promener dans les rues, joyeux,
Leurs caboches au bout d'un pieu.

LA CHASSE

Je serais bien allé ce matin à la chasse.
Un lilas eût orné le bord de mon chapeau
Dès l'aurore, et comme un vieux souvenir qui passe,
L'apanage m'eût plu parmi d'autres appeaux.

J'aurais erré sans bruit près de la mare inerte.
J'aurais guetté longtemps et peut-être aperçu
Le canard verdoyant, le cerf, grand mâle alerte …
Un peuple frémissant des profondeurs issu !

Dans le ciel, par le coin fourni des branches brunes,
Vous m'appelleriez donc, essaims clairs envoûtants !
J'aurais l'oreille et l'œil tout attentifs à une
Apparition ici, un vol bref vers l'étang.

– Mon âme bien souvent s'éprend de vous, chimères !
L'espérance est dans le sentier et dit *bonjour*.
Or tristement je suis doué pour vous rendre amères,
Biches tôt aperçues, perdrix de trente jours !

Chemin faisant, les champs nus m'ouvriraient la voie.
Mon cœur réapprendrait quelque chanson d'enfant :
« Est-ce au fond du *talweg* un grand chien qui aboie ?
Ton cœur est-il toujours un bastion qu'on défend ? »

À midi, sur un tronc, je casserais la graine,
Comme je le faisais, un peu avant sa mort,
Avec un oncle que j'avais en Aquitaine,
Heureux, l'arme au côté, bredouille et sans remords.

LE VIEUX CHIEN

Mais qu'est-ce donc que tu promènes
Dans ta bonne tête de chien ?
De la tendresse ou de la haine
Pour tout ce qu'est le cœur humain ?

Avec ta gueule de pirate
Solitaire et peu caressant,
Tu montes toujours à l'attaque,
– Et mords l'ami ou les passants !

Sous ton poil gris de vieux soldat
Qui n'a jamais perdu la foi,
Brille ton œil vitreux de borgne

Qui me regarde en miroitant.
Et, quand je gronde, tu me lorgnes
Et dis : « Vois-tu ce qui t'attend ? »

LA CHATTE

Tu te retiens un peu,
Au plus une seconde,
Puis passes comme un feu
Embrasant à la ronde.

Tu surprends l'œil qui voit
Ta grâce opportuniste
Et t'enfuis aux abois
Des chiens entrés en lice.

Tu irais bien errer
Près des vieux en savates,
Mais quoi ! Ils jureraient :
– *Vingt dieux ! C'est une chatte !*

LE CHAT DOMESTIQUE

Je suis le chat d'Europe assis au beau milieu
D'un temple ravagé où le maître des lieux
Cherche le sens de vivre et le goût de survivre.
— C'est un musée obscur : froissé comme ses livres,
Il n'attend que demain et comble son esprit
D'un peu d'espoir qui sauve et de foi qui guérit.
....

Et je suis là, de pierre, et j'habite sa vie,
Frileux, un peu craintif, avec aux dents, pourrie,
Une charogne amère ... — Il a ses souvenirs,
Superstitieux qu'il est, et je l'entends gémir
Dans son coin quand, le soir, dans ce calme désastre,
Il regarde mes yeux comme on scrute des astres !

LE SON

Je crois n'être qu'un son
Plat, rendu aux caresses
Des cordes, des frissons
Qu'ont les cieux en ivresse,

– Et je sens que c'est faux
Sitôt que je prononce
Ne serait-ce qu'un mot ...
– Eh bien hop ! Je renonce !

J'écoute donc et crois
N'être qu'un son. Folie !
La chair est cette voix
Aussi qui se récrie ...

– Quelle voix écouter ?
Celle de mes vieux anges
Ou des démons ; aimer
Surtout ce qui dérange

Et ne bouscule pas
Pourtant le très funeste
Repos des chairs, – trépas
D'amour, de faim, d'ivresse ...

Je veux n'être qu'un son
Plat, rendu aux caresses
Des cordes, des frissons
Qu'ont les cieux en ivresse.

Je dis n'être qu'un son
Et ne suis rien qui vaille
Pour tel et la chanson
Me rime et me travaille ...

Je chante et sa couleur
Organise l'espace,
– Je dois n'être qu'un heurt !
Ma voix est une farce !

Le son n'est que couleur
Ou n'est pas à sa place ...

LE FLÛTISTE

Il a ses doigts d'enfant, trop courts
Et malhabiles sur les touches
De l'instrument ; – puis il embouche.
La longue flûte souffle et tour

À tour jette des sons tiédis
Et grasseyants, des fausses notes,
Toute la flûte sue ou rote ;
– *Mais non, voyons, pas ré mais mi ...*

On le presse de toute part ;
Il doit reprendre, le regard
Jeté sur des portées où vivent

Des notes émues, – il reprend,
– Quand par le bout de l'instrument
S'effile un filet de salive.

UNTERWEGS

Unterwegs konnte er folgendes auf den Wänden lesen:

Du, meine Ebbe, ich, die Flut
Ich möchte Dir über die Wut
Erzähl'n, mit der Du mich umarmst,
Du, meine Liebe, ich, der Ärmst'

Unterwegs verstand er, dass er nicht in die Seligkeit sich setzen wollte. Unterwegs hörte er nicht, wie seine alten Vögel über ihm kreischten, die ihm sagten, er würde keinen Besitz finden. Er verstand aber, dass der Mensch im Vergleich zu der Sonne ein ewig weichender Farbtupfen ist, und fühlte sich nun als ein Teil des Menschen.

Unterwegs wurden unter der Macht seines Willens seine Triebkräfte vernichtet – und die Wörter schliefen ein, die Kommas und Punkte verloren ihre Tränen.

Phantasiebilder verschwanden vor seinen Augen; manche konnte er jedoch zum Leben auferwecken, aber sie waren nicht so frisch und schön wie im Traum. Es stimmt: nichts ist so aussenseitig wie im Traum.

Hier vorbeigehend merkte er nicht, wie seine alten Vögel am Heftrand tot waren, und nun kam er am Ziel an und dachte, das Unbekannte sei mit der Einbildungskraft begrenzt.

AMOR AMORIS

C'est l'heure gracieuse
Où l'esprit, bien las,
Et où l'âme anxieuse
Vont s'endormir là,
À l'heure gracieuse.

L'âme fait son rêve
Dans quelque jardin
Où l'amour en sève
Fait sa fleur soudain
Et l'âme son rêve.

L'ombre là-bas bouge,
– Ô chère, as-tu peur ?
– Non. – De ce ciel rouge
Où dans les torpeurs
L'ombre là-bas bouge

Et, ainsi qu'un songe
Que le vide étreint,
Force le mensonge
Hors de son écrin ?
– Eh ! Comment ? Quel songe ?

Il faut éconduire
Ces deux chères mains
Qui voulaient séduire ;
À nul lendemain
Se laisser conduire

Et cette joue blanche
Qu'on ne l'aime plus,
Quoiqu'alors on penche
Vers ce qui nous plut
— Vers cette joue blanche.

NUAGE

Sombre nuage,
Nuage sombre,
Qui n'a pas l'âge
D'aimer sans nombre ?

– Chers et froids marbres !
– Soleils … – Vieillesse
Dénuée des arbres
Et des déesses,

Que viens-tu faire
Devant ma porte ?
Pourquoi pas taire
Mes amours mortes ?

LE SOIR A GÖTTINGEN ...

Le soir à Göttingen jette bleus, par degrés,
Quelques pigeons d'argent au lointain qui s'envolent
Et les morceaux d'un cœur gros comme des lucioles
Sur les vieux étains gris et les chopes de grès.

Or, comme ce soir-là, je buvais, sourd et lâche,
Et que des bocks dorés devant mes yeux roulaient,
– Ô porteurs d'ambitions ou de longues relâches !
La *Leine* rossait sur mon cœur ses plats galets.

MARINE

Voici des ombres, des étoiles,
Les soirs de juin, – qu'on aima ; –
Voici le bruissement des voiles
Dans le cliquetis sec des mâts.

D'attendre au bord des lentes grèves,
Mon cœur vers votre cœur revient
Et le ressac amer des rêves
Semble gémir : « Tu te souviens ? »

Puis la Nuit tremble et devient rousse,
Au loin, un goéland se plaint ;
Dans les méplats, son cri s'émousse ...
– Obscurément, mon cœur est plein.

MA SEMAINE

Connus des troquets, immatures,
Très doux poètes, vieux dandys,
Ingénus, fats, contre nature

Seront, épaves des lundis,

Mes démons. Allez ! Je vous laisse !
J'ai rendez-vous pour travailler
Tous les mardis à la détresse

Ou la folie de Mallarmé.

Mercredi : la sortie des classes,
– Revue désordonnée – et Dieu
Pour tout petits, prières, farces,

Catéchisme et, plus tard, l'aveu

De mes faiblesses ... – Poésie,
– Baisers maternels : chers chaos, –
Les jeudis accordant ma vie

À l'étude et la musique – ô

Toute cette âme mozartienne ! –
Y chercheront les vendredis
Le repentir d'Icare. – Vienne

Le grand refrain des samedis :

« Cheveu, qui es-tu à ma manche ?
Amour, combleras-tu mes faims
Trop humaines ?
            – Alors ?
                        – Dimanche,

J'irai dîner avec Chaplin ».

LA GLACE

À l'heure de
La nuit salace,
J'ai au fond de
Mon cœur de glace

Un torrent chaud :
C'est une foule
Et son sanglot
Qui pleure et coule.

Près des pontons
Les hommes versent
Sous les vieux ponts
Des cris d'orchestre.

Le lourd sommeil
Comble de rêves
Anciens l'éveil
De ces vies brèves.

Des faisceaux de
Lumière douce
Font des cheveux
De femme rousse.

Dans un écrin
Qu'ils imaginent
(Ou quelque train)
Dort la Rouquine.

– Quand elle fuit,
Chacun repasse
Son cœur la nuit
Devant la glace.

LE POISSON D'AVRIL

À mon Roger enfin, la relation d'une folie – comme je traverse des domaines, en ce moment, des prairies réservées aux captifs de l'âme les plus fous et les plus méditatifs. Malgré mes labeurs – il faut bien que j'en aie –, je ne sors plus guère de mes songeries, souvent moroses, et des rêves les plus instables. Fièvres ! Horreurs révélées, nuances opiacées devant mes yeux, poisons courts, ironiques poissons d'avril au cœur de février. Comme la vie me mène, dans sa barque jaune, comme mon destin fait peur et épouvanterait les cœurs les plus sereins. Si un Secret existait sur cette terre au moins, mais non, seulement :

Me serais-je bercé sous des palmes confuses,
Bien faites pour charmer un beau cœur qui s'abuse.

À tout à l'heure !

On ne s'entend plus là-dedans : on batifole, on tue, on viole, on rêve de travers, avec devant le regard la Corde horrible du dernier soir, – on coule, ça sombre tragiquement dans l'abîme glacé de cette impeccable solitude.

Donc, on déménage : je le sens, je le sais : Au-dessus, on tapisse des rêves de caniches, on balaie au 1er et plus bas on bouscule de vieux meubles *Louis XIII*. — Que c'est éreintant, cette quête de l'ordre, cette remise dans les cartons, c'est à peu près affolant, ces cadavres possédés que mon âme secoue en vain. Je manipule au sous-sol un tas de vieux machins mal faits et qu'une vermine implacable et méticuleuse remâche avec l'obstination du Génie des bois.

Ah, mon ami, en sortirai-je ? Et par où ? Et comment ?

Aujourd'hui, Mémère est morte.

Œuvre ! Ô cette œuvre qui me serre, me tient, m'oppresse ! Comme mon cœur frisonne ce soir, comme l'anguille sous la roche, dans le reflet noir et transparent de la connaissance ! Je connais, te dis-je, mon cher, j'ai vu, et je ne sais que pleurer : ma nudité m'habille trop encore, je suis un monstre dans la forêt du Siècle et du Génie. Mes membres dérangent le bel attirail des enchantements, ma voix grêle injurie les sonorités majeures des Éléments. Comme je suis inondé, comme ma vue fait fausse note dans ces lieux musicaux !

Il n'y a pas de sens, j'ai découvert l'Insensé.

IN MEMORIAM

matin
rien ne bouge
en moi une rumeur m'étouffe, et s'éteint
on songe
et comme tu l'avais dit
il y a déjà longtemps

des arbres des oiseaux pleurent

et l'aube ouvre son écrin qui scintille

TABLE

Alchimie première 7
Amor amoris 77
Anneau (L') 51
Baiser (Le) 43
Bénédictions d'Agnès (La) 31
Cadavres d'automne (Les) 61
Chasse (La) 68
Chat domestique (Le) 72
Châtelaine (La) 47
Chatte (La) 71
Chemins creux (Les) 11
Comme un pou 52
Conte 23
Conte fichu (Le) 58
Créature (La) 24
Douze débris du miroir d'Agnès 48
Elle borde l'enfant 27
Femme (Une) 46
Flûtiste (Le) 75
Glace (La) 85
Guerre lasse (De) 25
Halles (Les) 37
In memoriam 89

Jeune homme	22
Lever	19
Lit de Chine (Un)	40
Luceat eis	15
Lune (À la)	53
Ma semaine	83
Manèges	63
Marine	82
Mendiant	38
Nuage	79
Ô longue longue étant ma plainte	35
Odile	56
Oiseaux (Les)	28
Parc (Au)	9
Parfaits (Les)	13
Paris	33
Patients (Les)	65
Poisson d'avril (Le)	87
Quelques vieux docteurs (À)	66
Soir à Göttingen (Le)	81
Sommeil de Sylvie (Le)	44
Son (Le)	73
Songes d'Agnès (Les)	30
Unterwegs	76
Variations / Bleu	20
Vieux chien (Le)	70
Yeux de Françoise (Les)	45